Dans la même Collection

Mon encyclo de la ferme
Mon encyclo de la mer
Mon encyclo de la nature
Mon encyclo des animaux
Mon encyclo des enfants du monde
Mon encyclo des poneys
Mon encyclo des bébés animaux

Cet ouvrage a été réalisé par les éditions Milan avec la collaboration de Ccil.
Montage maquette et suivi iconographique : Fanny Pallaro

www.editionsmilan.com

Loi 49-956 du 16 juillet 1949 sur les publications destinées à la jeunesse.
ISBN : 978-2-7459-3472-7
Dépôt légal : 3e trimestre 2009
Imprimé en Espagne chez Egedsa

Mon encyclo de la forêt

MILAN jeunesse

Sommaire

page 60

Les animaux des bois

page 74

Au rythme de la forêt

page 86

Promenons-nous dans les bois !

page 98

Les métiers de la forêt

page 110

Protéger la forêt

Ambiance forêt

Les forêts sont des endroits pleins de mystère et de douceur. Tu te sens protégé, bien à l'abri sous la voûte des grands arbres.

Bienvenue !

Pour pénétrer au cœur de la forêt, tu dois franchir la lisière.
Ensuite, tu découvriras un monde plein de vie.
Ouvre les yeux et tends l'oreille !

Vue du ciel, la forêt forme un grand manteau de verdure qui protège le sol de la planète.

Le manteau de la Terre

La forêt est le domaine des grands arbres. Ils recouvrent les continents à la manière d'un manteau. Ce « vêtement » vivant change de couleur avec les saisons.

Le tapis de feuilles mortes

Dans une forêt, il n'y a pas beaucoup d'herbe. Le sol est recouvert de feuilles mortes. Quand elles se décomposent, elles nourrissent la terre et permettent ainsi aux arbres de grandir.

Quand on marche en forêt, des milliers de feuilles mortes crissent sous les pas.

La lumière du sous-bois

Quand le soleil traverse les feuilles, elles se gorgent de lumière. Elles sont comme des centaines de petits lampions verts qui brillent.

Entre ombre et lumière, le soleil joue avec les feuilles.

La lisière

Tout autour de la forêt, il y a la lisière. C'est une ceinture de buissons, de broussailles et de ronces où vivent de petits animaux.

Gardiennes de la forêt, les ronces déploient leurs longs bras couverts d'épines... et parfois de délicieux fruits !

La clairière

À l'intérieur de la forêt, tu découvres parfois une clairière. C'est un espace sans arbres, souvent créé par l'homme.

Les animaux viennent brouter dans la clairière à la tombée du jour.

Charmante chênaie

Une forêt où poussent des chênes s'appelle une chênaie. Ces arbres vivent toujours en compagnie d'autres espèces, comme le charme par exemple.

La chênaie

On trouve des forêts de chênes presque partout en France, sauf en haute montagne. Elles abritent de nombreux animaux.

Le calme règne à l'abri des grands arbres de la chênaie.

Les charmes poussent facilement dans la forêt de chênes.

Le charme

Les charmes sont des arbres de taille moyenne, au tronc gris un peu cabossé. Leurs feuilles sont rugueuses, au bord dentelé. Elles prennent une magnifique couleur jaune doré en automne.

Le chêne rouvre

Surnommé le « roi de la forêt », le chêne rouvre est un arbre très grand et robuste qui peut vivre plus de 500 ans. Son écorce est rugueuse et crevassée, son bois est dur et solide.

Le chêne rouvre pousse lentement. Il faut attendre 60 ans pour qu'il produise ses premiers glands.

Le gland

Les fruits du chêne s'appellent des glands. Un seul arbre peut en porter des milliers ! Les humains ne les mangent pas, mais de nombreux animaux s'en nourrissent.

À l'automne, les glands bien mûrs se détachent des branches du chêne.

Le chêne pubescent

Le chêne pubescent aime la chaleur. Il pousse dans le sud de la France. En hiver, il garde ses feuilles mortes. Elles tomberont seulement au début du printemps.

Le chêne pubescent pousse sur les collines ensoleillées.

Majestueuse hêtraie

Les forêts de hêtres, les hêtraies, se trouvent plutôt en montagne. Il y a aussi de grandes hêtraies dans le nord de la France.

La hêtraie

La forêt de hêtres est magnifique : c'est une véritable cathédrale d'arbres ! Au sol, il y a un peu de broussailles. C'est une forêt claire et très propre où il est agréable de se promener.

À l'automne, la hêtraie se pare de belles couleurs : les feuilles deviennent jaune orangé et les troncs ont des reflets clairs.

Le tapis de jacinthes

Au printemps, avant l'arrivée des feuilles sur les hêtres, les jacinthes sauvages fleurissent. Elles forment des tapis de fleurs bleues au pied des arbres. On appelle aussi cette plante « muguet bleu ».

Les jacinthes fleurissent toutes en même temps : elles donnent un air de fête à la hêtraie !

Quand ils vieillissent,
les hêtres au tronc si droit
prennent d'étranges formes
tortueuses.

Le hêtre

Le hêtre est un grand arbre aux feuilles luisantes. Son écorce est lisse, couleur gris souris. Ses fruits s'appelient les faines ; ils sont bons à manger.

Sous les sombres sapins

Les sapins restent verts toute l'année. Ils ont des « feuilles » toutes fines, qu'on appelle des aiguilles.

La forêt de sapins

Les forêts de sapins poussent souvent en montagne. Il y fait toujours sombre. Le soleil est caché par les arbres. Au sol, les aiguilles tombées forment un épais tapis.

Les plus grands sapins des forêts de montagne peuvent mesurer jusqu'à 60 m.

Les cônes de l'épicéa

Le sapin et l'épicéa sont souvent confondus. Les aiguilles de l'épicéa sont pointues et ses cônes pendent sous les branches. Ils tombent au sol quand ils sont mûrs, à la fin de l'été.

Les écailles écartées des cônes d'épicéa laissent s'échapper les graines qu'ils contiennent.

Le sapin pectiné

Le sapin pectiné a des branches revêtues d'aiguilles vertes. Il porte également des cônes qui ressemblent à de grosses chandelles. Leurs écailles se détachent en automne.

Cachées sous la neige, les aiguilles du sapin pectiné restent vertes tout l'hiver.

Le bec-croisé

Un oiseau est souvent présent dans les forêts de sapins ou d'épicéas, c'est le bec-croisé. Il grimpe aux arbres en s'aidant de son bec, comme un perroquet. Il se nourrit surtout de graines, mais aussi d'insectes et d'araignées.

Quand vient l'hiver, le bec-croisé profite des baies sauvages qu'il trouve.

Dans la chaleur du maquis

Au bord de la mer Méditerranée, le temps est chaud et sec. De nombreux arbres de cette région ne perdent pas leurs feuilles en hiver.

Le maquis

Drôle de forêt, ce maquis ! C'est un mélange de petits et de grands arbres qui poussent au milieu des broussailles. Les arbustes ont souvent des feuilles raides et piquantes.

Les plantes basses du maquis couvrent le sol sec du bord de mer.

La salsepareille

Les piquants des feuilles de la salsepareille griffent les jambes. Cette liane s'accroche aux broussailles avec ses vrilles et ses tiges garnies d'épines.

Les fleurs blanches de la salsepareille parfument l'air du maquis.

L'écorce des chênes-lièges est prélevée pour faire des bouchons. Elle repoussera lentement.

Le chêne-liège

L'écorce épaisse du chêne-liège le protège contre les incendies. Il porte de petites feuilles dures qui ne tombent pas en hiver. Ses glands sont petits et pointus.

La cigale

La cigale se nourrit de la sève des arbres. Elle est presque toujours immobile, plaquée contre l'écorce. Même si tu ne la vois pas, tu peux entendre son chant, les chaudes journées d'été.

La cigale est difficile à repérer : elle a presque la même couleur que l'écorce.

Les pieds dans l'eau !

Le long des rivières et des fleuves poussent des arbres qui aiment l'eau. Ils forment des forêts tout en longueur qu'on appelle des « ripisylves ».

Les forêts de rivière

Les forêts du bord de l'eau sont souvent inondées. Les racines des arbres maintiennent la terre des berges de chaque côté de la rivière.

Les arbres poussent en rangs serrés au bord de la rivière.

Les longs rameaux du saule pleureur pendent jusqu'au ras de l'eau.

Le saule

On reconnaît le saule à ses longues feuilles vert pâle. C'est un grand arbre à l'écorce craquelée et aux branches fines.

Le castor

Les grandes dents du castor lui servent à couper les petits arbres. S'il ronge les arbustes, c'est surtout pour se nourrir. C'est un très bon nageur, grâce à ses pattes palmées.

Grâce à son épaisse fourrure, le castor peut rester des heures dans l'eau sans avoir froid.

L'aulne apprécie tellement l'eau qu'il pousse même sur les terrains inondés !

L'aulne

L'aulne aime avoir les racines qui trempent dans l'eau. Il pousse au ras de la berge. Quand ses graines tombent, elles sont emportées par le courant : elles peuvent ainsi trouver un endroit pour germer plus loin.

Voyage dans les bois

Les forêts sont différentes
d'une région du monde à l'autre.
Des arbres étranges poussent
dans certaines, des animaux
étonnants se cachent dans d'autres…
Prêt pour l'exploration ?

Dans les forêts du Grand Nord

Des arbres très résistants au froid poussent dans la forêt boréale. Et de drôles d'animaux se plaisent dans ces bois glacials.

Le bouleau à canot

L'écorce du bouleau à canot se détache facilement en longues bandes. Autrefois, les Indiens d'Amérique l'utilisaient pour fabriquer leurs canoës. Les oiseaux se nourrissent de ses graines.

Le bouleau à canot pousse sur les sols humides du Grand Nord.

L'élan mâle est couronné de larges bois qui mesurent jusqu'à 2 m d'envergure.

L'élan

Avec ses larges sabots, l'élan peut marcher sur les terres marécageuses. Il se nourrit d'herbe et de plantes aquatiques, et peut brouter la tête sous l'eau. Il perd ses bois chaque année en automne.

Le sirop d'érable

Les feuilles de l'érable du Canada prennent une magnifique couleur rouge en automne. À la fin de l'hiver, sa sève a un goût sucré. Les Canadiens la récoltent pour fabriquer du sirop d'érable. Un délice !

Ce sont les Indiens qui ont appris aux Canadiens à récolter la sève des érables pour préparer leur sirop.

Les oursons grizzlis restent 3 ans avec leur mère. Puis ils deviennent solitaires.

Le grizzli

Ce très gros ours possède une épaisse fourrure brune. Il ne grimpe pas très bien aux arbres, mais c'est un bon nageur. Il passe tout l'hiver à dormir dans une tanière fermée par la neige.

En haut des montagnes

La montagne est le domaine des pins et des sapins. Grâce à leur forme pointue, ces arbres ne retiennent pas la neige : elle glisse le long de leurs branches.

Le pin à crochets bat des records d'altitude. Au-dessus de lui, aucun autre arbre ne pousse !

Le pin à crochets

Le pin à crochets pousse entre 1 500 et 2 000 m d'altitude. C'est un arbre qui aime le soleil mais il ne craint ni le froid ni la sécheresse. Dans les endroits où le vent souffle fort, il reste petit et rabougri.

L'usnée barbue

Les longues traînes de l'usnée barbue recouvrent les sapins en altitude. En Alsace, on l'appelle la « barbe de saint Nicolas ». C'est une plante étrange qui n'a pas besoin de terre pour pousser.

L'usnée n'a pas de racines : elle grandit suspendue aux branches des arbres de montagne.

Le grand tétras

Appelé aussi « coq de bruyère », le grand tétras est un gros oiseau qui vole silencieusement entre les arbres. Il se nourrit de bourgeons, de baies et de fourmis.

Pour impressionner ses rivaux, le coq de bruyère déploie sa queue en éventail.

Balade dans la Savane

La forêt de savane est un mélange d'arbres et de hautes herbes. On la trouve dans les régions sèches de l'Afrique et de l'Australie.

Les baobabs perdent leurs feuilles pendant la saison sèche.

Le baobab

Pendant la saison des pluies, le baobab emmagasine l'eau dans son gros tronc. Son fruit s'appelle le « pain de singe ». La nuit, les chauves-souris viennent boire le nectar de ses fleurs.

La termitière

La termitière est un drôle de nid qui se dresse dans la savane. Il peut abriter des millions de termites. Avec leurs fortes mandibules, ces insectes rongent le bois pour se nourrir.

Les termites bâtissent leur termitière à partir de terre et de salive, un mélange qui durcit au soleil.

L'acacia a beau se défendre avec ses branches pleines de piquants, il est quand même brouté par les girafes !

La girafe

Grâce à son long cou et ses grandes jambes, la girafe broute les feuilles en hauteur. Avec sa langue très souple, elle les arrache facilement.

Le safari-photo

Photographier les animaux sauvages n'est pas facile ! Il faut parcourir la savane avec un guide expérimenté pour les approcher sans les déranger et sans se mettre en danger.

Dans les réserves, les animaux de la savane sont protégés. Les touristes viennent les photographier.

Mystérieuse mangrove

Bienvenue dans la mangrove, une forêt où l'eau et le bois ne peuvent pas se passer l'un de l'autre ! Pour le plus grand bonheur de drôles d'animaux...

Sur la boue de la mangrove, vivent de nombreuses espèces de crabes, comme le crabe sémaphore qu'on appelle aussi « violoniste » en raison de sa grosse pince.

La forêt de palétuviers

Vivre les pieds dans l'eau, c'est la spécialité des palétuviers, les arbres de la mangrove ! Cette forêt de bord de mer se trouve dans les régions chaudes. Elle abrite des poissons, des crustacés et des mollusques. De nombreux oiseaux et certains mammifères y trouvent refuge.

En Asie, un singe au drôle de nez s'est très bien adapté à la mangrove : c'est le nasique.

Les palétuviers sont à l'aise dans la mangrove.
Ils semblent marcher sur l'eau,
avec leurs grandes racines-échasses.

Dans la jungle d'Asie

Sous les climats chauds et humides d'Asie
poussent de magnifiques forêts.
De grands animaux y vivent.

Le figuier étrangleur

L'étrange figuier étrangleur naît en hauteur, sur une branche. Ses racines descendent en entourant le tronc de l'arbre. Quand elles grossissent, elles serrent si fort que l'arbre est étranglé.

Dans la jungle, le terrible figuier étrangleur étouffe lentement l'arbre qui le porte.

Le cornac guide son éléphant qui l'aide à transporter les troncs d'arbres.

L'éléphant domestiqué

En Asie, les éléphants sont domestiqués pour tirer les arbres. Le cornac est à la fois le maître de l'animal et son soigneur. Il s'occupe du même éléphant toute sa vie.

À pas de velours, le seigneur tigre inspecte son domaine.

Le tigre

Le tigre est le plus grand des félins.
Il a une fourrure jaune clair, rayée de noir.
C'est un très bon nageur capable
de traverser de grands fleuves.

Le teck

Les larges feuilles du teck ont la douceur
du velours. Ses fleurs sont blanches,
petites et odorantes; ses fruits sont bons
à manger. Le bois de teck est très solide :
il est utilisé pour fabriquer des bateaux.

Le teck, au tronc très droit,
peut parfois mesurer plus
de 40 m de hauteur !

Au Coeur de l'Amazonie

Dans la forêt amazonienne, les immenses arbres abritent des animaux colorés et surprenants. Des Indiens se sont adaptés à la végétation luxuriante.

La grenouille aux yeux rouges

Quand un animal menace la grenouille aux yeux rouges, ceux-ci deviennent très gros. L'attaquant est alors surpris et la grenouille a le temps de se sauver !

La grenouille aux yeux rouges a des ventouses au bout des pattes pour s'accrocher aux branches.

Les fourmis Atta

Dans leur fourmilière, les fourmis *Atta* forment une couche avec des feuilles découpées. Elles y sèment les champignons dont elles se nourrissent.

Grâce à leurs puissantes mandibules, les fourmis Atta peuvent transporter des morceaux de feuilles 10 fois plus lourds qu'elles !

Les Indiens d'Amazonie bâtissent leurs villages au cœur de la forêt.

Les Indiens d'Amazonie

Des Indiens vivent dans de petits villages à l'intérieur de la forêt amazonienne. Mais comme elle est détruite peu à peu, leur mode de vie est en danger. Ils doivent partir car ils n'ont plus d'endroit pour vivre et pour chasser.

Longtemps chassé par les braconniers pour son plumage, l'ara bleu et jaune est désormais une espèce protégée.

L'ara

Avec ses plumes multicolores, l'ara est le plus beau des perroquets. Il vit en bande dans la forêt, et se nourrit de baies et de graines.

L'hévéa était surnommé par les Indiens le « bois qui pleure ». Il peut produire 2 à 3 kg de latex chaque année.

L'hévéa

Lorsque l'écorce de l'hévéa est entaillée, le tronc laisse couler un liquide blanc. C'est le latex, une matière qui sert à fabriquer le caoutchouc.

Naître et grandir

Une forêt, ça commence par des arbrisseaux venus d'une graine. Il leur faudra beaucoup de temps pour devenir de grands arbres.

Le voyage des graines

Les graines des plantes de la forêt n'ont pas de jambes ! Elles arrivent pourtant à se déplacer pour germer au loin...

Les glands du geai

En prévision de l'hiver, le geai cache des glands sous les feuilles. Mais, comme il ne se souvient pas toujours où il les a mis, les glands oubliés donneront de nouveaux chênes.

Le geai peut transporter 9 glands dans son gosier. Le dixième, il le garde dans son bec !

Les réserves de l'écureuil

Tout comme le geai, l'écureuil fait des réserves de graines. Il amasse des noisettes, des glands, des graines de pin et d'épicéa. Celles qu'il ne mange pas vont pouvoir germer.

Quand il ne trouve pas assez de cachettes dans les arbres creux, l'écureuil enterre les graines qu'il veut conserver.

Le repas des étourneaux

Les fruits de certains arbres contiennent un noyau avec une graine à l'intérieur. Quand l'étourneau les mange, il avale tout. Et les noyaux se retrouvent dans ses fientes, loin de l'arbre d'où ils viennent.

Les étourneaux ne peuvent pas digérer les graines trop dures. Ils les rejettent dans leurs fientes.

Quand le vent souffle fort, les graines ailées de l'érable peuvent planer pendant plus de 100 m.

Le vol de l'érable

Grâce à son aile en forme d'hélice, la graine d'érable tombe en tournoyant. Le vent l'emporte au loin, vers de nouveaux territoires où germer. Amuse-toi à la lancer !

Les fourmis semeuses

Les fourmis emportent les graines de violette des bois dans leur nid. Elles en mangent une partie, puis jettent les restes loin de la fourmilière.

Les fourmis transportent de nombreuses graines de plantes des bois.

De la graine à l'arbre

Dans la graine, il y a un arbre en miniature.
Si de bonnes conditions sont réunies,
il va germer et grandir.

Grâce à l'humus, la graine germera et deviendra un arbre.

L'humus

Si tu grattes sous les feuilles mortes, tu trouveras une substance brune : c'est l'humus. Il s'est formé avec les feuilles décomposées tombées au sol. C'est une nourriture importante pour les arbres.

La germination

À la fin de l'hiver, la graine se réveille : elle germe. Une petite racine sort et s'enfonce dans la terre : sa vie d'arbre commence. Quand la racine tient bon, une tige se forme. Elle porte la première petite feuille.

La graine s'est transformée en un jeune chêne qui mesure quelques centimètres.

Il faudra attendre de nombreuses années avant que ce semis de pin ressemble à un grand arbre.

Le semis

En forêt, de petites pousses font leur apparition au printemps : ce sont les semis. Beaucoup seront mangés par les cerfs ou les chevreuils. Les autres se développeront et grandiront au fil des années pour devenir des arbres.

Quand les arbres se multiplient

Certains arbres n'ont pas besoin de graines pour se reproduire. Ils se débrouillent tout seuls pour fabriquer de nouveaux troncs !

Les « figuiers marcheurs » peuvent devenir gigantesques, et posséder plusieurs centaines de troncs-racines.

Les racines sous les branches

Les forêts de l'Inde sont le domaine du « figuier marcheur ». Quand il est adulte, il lui pousse de grosses racines sous les branches. Elles s'enfoncent dans la terre, et un nouveau tronc apparaît.

Les arbres multitroncs

Quand un arbre est coupé, il ne meurt pas forcément. Sur la partie restante, appelée « souche », plusieurs tiges peuvent sortir. C'est une « cépée ». Les rejets grandiront et deviendront des troncs.

La cépée a plusieurs troncs au-dessus du sol. Mais, sous la terre, c'est la même racine pour tous !

Cette forêt de saules s'est constituée grâce à des rejets. Chaque arbre est relié à ses voisins par les racines.

Les rejets des racines

Certains arbres sont des conquérants : de nouvelles pousses jaillissent de leurs racines ! Par exemple, en quelques années, un seul saule peut donner naissance à des dizaines de rejetons.

À la recherche de la lumière

Le haut de la forêt s'appelle la « canopée ».
C'est là que les arbres viennent trouver la lumière
dont ils ont besoin pour vivre.

La timidité de la canopée

Dans la forêt tropicale, chaque arbre a son coin de ciel. Les rameaux des arbres voisins s'étendent jusqu'à quelques centimètres sans se mélanger. On dit que les arbres montrent de la « timidité ».

Pour éviter d'abîmer leurs branches avec le vent, les arbres de la canopée gardent une distance entre leurs cimes.

Les lianes

Les lianes commencent leur vie au sol, comme des arbustes. Mais ce sont des grimpeuses ! Elles s'accrochent aux arbres pour atteindre la lumière.

Les lianes fleurissent à la lumière, et mêlent leur feuillage à celui des arbres.

Les plantes comme les fougères aiment à la fois l'humidité et la fraîcheur. Elles craignent le soleil et se sentent bien à l'ombre de la forêt.

Les plantes de l'ombre

Sous les grands arbres vivent des plantes qui ont besoin de peu de lumière. Le chèvrefeuille, les fougères ou l'aubépine peuvent pousser à l'ombre, dans le sous-bois.

Les forestiers plantent les conifères serrés les uns contre les autres pour obtenir des arbres au tronc droit et sans branches sur les côtés.

Toujours plus haut !

À mesure qu'ils grandissent, certains arbres, comme les pins ou les sapins, perdent leurs branches basses. Elles meurent par manque de lumière. Plus haut, de belles branches bien vertes se développent.

Petite forêt deviendra grande

Il reste très peu de forêts sauvages dans le monde.
Souvent l'homme plante les arbres,
et parfois il les aide à grandir…

Avec ou sans l'homme

Beaucoup de forêts ont poussé toutes seules. Si on n'y a jamais coupé d'arbres, on les appelle des « forêts primaires ». Si l'homme les exploite, on dit que ce sont des « forêts gérées ». Il doit prélever seulement une partie pour que les arbres aient le temps de repousser. Enfin, on reconnaît les forêts plantées parce que les arbres y sont tous alignés.

Il est très difficile de pénétrer dans les forêts primaires tellement les arbres sont emmêlés !

Dans les plantations, il ne pousse qu'une seule espèce d'arbre, celle qu'on y a plantée. Pas de place pour les autres !

Dans une forêt gérée, plusieurs espèces d'arbres côtoient des fougères et d'autres plantes de sous-bois qui poussent sur le tapis de feuilles mortes.

Au royaume des arbres

La forêt, c'est l'univers des arbres. Des plantes aux racines et au tronc solides, avec des feuilles et des fleurs qui les habillent, et des fruits parfois exquis !

Racines nourricières

Souvent peu visibles, les racines sont indispensables à l'arbre. Grâce à elles, il peut vivre et grandir.

De fines racines se cachent sous les feuilles mortes. Elles absorbent l'eau et la nourriture avec leurs minuscules poils.

Les racines

Cachées dans la terre, les racines s'enfoncent profondément dans le sol. Elles maintiennent l'arbre solidement pour que le vent ne le renverse pas, et lui servent à aspirer l'eau dans la terre humide. Les plus vieilles racines sont grosses comme des branches.

Les énormes racines des arbres de la forêt tropicale sortent de la terre. Elles deviennent aussi dures que le tronc.

La pluie a fait tomber
un bloc de terre,
mais l'arbre tient bon
grâce à ses racines.

Des feuilles de toutes sortes

Tu peux reconnaître les arbres
grâce à la forme de leurs feuilles.
Ouvre l'œil !

La feuille palmée

Les érables ont de jolies feuilles palmées. Leurs nervures partent en éventail depuis la queue de la feuille qu'on appelle le pétiole.

La feuille palmée de l'érable plane est facile à reconnaître avec ses pointes aiguës.

La feuille lobée

Les feuilles du chêne se repèrent facilement : elles ont le bord découpé en arrondis. On dit qu'elles sont lobées.

De petites vagues qui dessinent les contours des feuilles : pas de doute, ce sont celles d'un chêne !

La feuille en cœur

Si tu t'approches d'un tilleul des bois, tu verras que ses feuilles sont en forme de cœur. C'est pourquoi cet arbre porte aussi le nom de « tilleul à feuilles en cœur ».

Les feuilles du tilleul des bois ont une forme très douce, comme le goût de sa tisane qui aide à dormir.

La feuille composée

La feuille du frêne est composée de nombreuses folioles. Ce sont des feuilles plus petites qui sont reliées le long d'une tige.

Sur la feuille du frêne, les folioles sont disposées face à face.

La feuille piquante

Les feuilles de certains arbres sont piquantes, ce qui leur évite d'être mangées par les animaux. Celles du houx sont très pointues : attention si tu veux les cueillir !

Si tu veux cueillir des bouquets de houx pour décorer la table de Noël, enfile des gants !

Les fleurs des arbres

Tous les arbres font des fleurs.
Mais elles ne ressemblent pas toujours aux fleurs
que tu as l'habitude de voir.

Les chatons du chêne

Le chêne commence seulement à fleurir lorsqu'il atteint l'âge de 40 ans ! Les « chatons » qui pendent sous ses branches sont formés de centaines de toutes petites fleurs vert pâle.

Il est difficile de voir les chatons du chêne : leur couleur vert pâle se confond avec celle des feuilles.

Les cônes du mélèze

Les fleurs du mélèze sortent au mois d'avril. Elles se présentent d'abord sous forme de cônes miniatures de couleur rose foncé. Puis, ceux-ci grossissent et deviennent marron clair.

Le mélèze fleurit en même temps que naissent les nouvelles aiguilles.

Le merisier en fleur ressemble au cerisier. Prépare-toi : les fruits devraient bientôt se former...

Les fleurs du merisier

Le merisier est un cerisier sauvage qui pousse dans les bois. Il fleurit au printemps, juste avant de faire ses feuilles. Ses fleurs sont blanches, regroupées en petits bouquets.

Les fleurs parfumées du tilleul ne durent que quelques jours : il faut se dépêcher de les cueillir !

Les fleurs du tilleul

Au mois de juin, les fleurs du tilleul parfument l'air. Elles ont une forme de pompon, de couleur jaune clair. On les récolte quand elles sont juste ouvertes. Puis on les fait sécher pour en faire une tisane qui aide à bien dormir.

Les fruits de la forêt

Après les fleurs viennent les fruits.
Certains sont bons à manger, comme les merises, d'autres peuvent te rendre très malade. Fais attention !

En mûrissant, les baies du lierre passent du vert au noir.

Les baies du lierre

Il faut laisser les baies du lierre aux oiseaux car c'est un vrai poison pour les humains ! Mais cette plante est utile : elle nourrit de nombreux animaux de la forêt. Les merles et les étourneaux s'en régalent, le renard et le lérot aussi !

Les samares du frêne

Le fruit du frêne est une samare. Il a une forme allongée, avec un bord aplati. Les oiseaux mangeurs de graines s'en nourrissent, et les écureuils en font une grande consommation.

Les samares du frêne sont réunies en grappe. Le vent les détache quand elles sont mûres, au début de l'hiver.

Les sorbes

Le sorbier des oiseleurs pousse dans les forêts de montagne. Il porte des grappes de petites baies rouges à la fin de l'été. Autrefois, on en faisait une boisson alcoolisée. Mais les manger crues, non ! Elles sont bien trop amères.

Les fruits du sorbier des oiseleurs restent longtemps sur l'arbre en hiver. Les oiseaux en profitent pour les manger !

Les merises

Les merises sont les fruits du merisier. Elles ont un noyau presque aussi gros que le fruit. Mais elles font le régal des geais et des merles… Et aussi des enfants qui se promènent en forêt !

Le merisier est surnommé « cerisier des oiseaux » tellement il les attire lorsque ses fruits sont mûrs !

Arbres morts très vivants

Un arbre mort est très utile !
Il sert de nourriture ou d'abri pour toutes sortes d'animaux ou même de plantes.

L'abri idéal

Les limaces, les salamandres ou les crapauds se réfugient dans le bois mort et humide. Ils profitent des trous creusés par d'autres animaux.
Les lézards passent souvent l'hiver dans les cachettes des arbres morts.

Ne dérange pas les petits animaux cachés dans le creux des arbres morts : ils ont besoin de tranquillité.

La colonie de champignons

Toutes sortes de champignons s'installent sur les arbres morts. Ils aident à la transformation du bois en humus. Ce sont souvent des champignons qui peuvent vivre plusieurs années.

Les arbres morts encore debout finissent par tomber, rongés par des champignons du bois.

Après avoir longtemps été une larve se nourrissant de bois mort, le lucane cerf-volant ne vivra que quelques semaines à l'air libre.

Le lucane cerf-volant

La larve du lucane cerf-volant se nourrit de bois mort, dans lequel elle s'installe au moins 3 ans. Quand elle est assez grosse, elle se transforme en adulte.

De nombreuses petites plantes profitent du terreau qui s'accumule dans les cavités des arbres morts.

La souche vivante

Des plantes poussent dans le creux des souches en train de pourrir : des fougères, des anémones, et même quelquefois des arbres ! La vie renaît sur le bois mort.

Le trou du pic

Avec son bec puissant, le pic troue le tronc des arbres morts. Il cherche les larves d'insectes qui s'y abritent, et les attrape avec sa longue langue pour les manger. Il le creuse également pour faire son nid.

Après avoir creusé un trou dans le tronc, le pic installe son nid à l'intérieur. Quand il l'abandonnera, d'autres oiseaux l'utiliseront.

Les animaux des bois

Des milliers d'animaux vivent dans la forêt. Ils y trouvent leur nourriture, et sont bien protégés à l'abri des grands arbres.

Les petites bêtes

Si tu ouvres l'œil, tu apercevras les insectes et les autres bestioles. Comme les animaux plus gros, ils participent à la grande chaîne de la vie.

Les galles

Les minuscules cynips pondent leurs œufs dans les bourgeons ou sur les nervures des feuilles. L'arbre réagit en fabriquant une grosse boule. C'est une galle, qui servira de nourriture aux larves de l'insecte.

Vers la fin du mois de mars, les cynips sortent par un petit trou de la galle qui les a abrités.

Avec ses antennes plus longues que son corps, le grand capricorne ne passe pas inaperçu.

Le grand capricorne

La femelle du grand capricorne pond dans les troncs des chênes. De ses œufs naissent des larves qui dévorent le bois et peuvent transformer un gros chêne en passoire !

Le papillon grand sylvain

Tu peux rencontrer le grand sylvain dans les forêts humides. Des taches blanches, orange ou bleues ornent les ailes noires de ce papillon. Sa chenille se nourrit de feuilles de tremble, une sorte de peuplier.

Le grand sylvain se pose en déployant ses ailes pour absorber la chaleur du soleil.

Les fourmis rousses

Observe attentivementle haut nid des fourmis rousses. Ces dernières bougent sans arrêt, transportant des brindilles ou des insectes qui leur servent de nourriture.

Ne touche pas les fourmis rousses ! Car ces insectes piquent très fort pour se défendre.

La grande limace noire

C'est seulement quand le temps est humide que tu peux voir la limace noire. Elle se nourrit de feuilles et de jeunes plantes en les mâchouillant avec sa langue râpeuse. Quand il fait trop froid, ou trop sec, elle s'enterre pour dormir.

La grande limace noire peut atteindre 15 cm : c'est la plus grande limace d'Europe.

Des Oiseaux parmi les feuilles

Au printemps, les chants d'oiseaux résonnent dans la forêt. Petits ou gros, tous ont besoin des arbres pour vivre.

Avec ses plumes dressées sur la tête, impossible de confondre la mésange huppée avec une autre mésange !

La mésange huppée

Au printemps, la mésange huppée creuse son nid dans un tronc de bois pourri. Elle se nourrit d'insectes et d'araignées en été, de graines en hiver. Elle vit dans les forêts de conifères.

Le pic noir

Tu reconnaîtras le pic noir à sa tête coiffée d'une calotte rouge et à son plumage tout noir. Avec son bec puissant, il creuse l'écorce des arbres pour chercher les insectes dont il se nourrit. C'est aussi un mangeur de fourmis.

Un roulement de tambour dans les bois ? C'est peut-être le pic noir qui creuse un tronc avec son bec...

À l'âge de 40 jours, les petits de l'autour des palombes sont déjà capables de quitter le nid.

L'autour des palombes

Grand chasseur d'oiseaux, l'autour des palombes plane en silence au-dessus des arbres pour fondre sur sa proie. Il la consomme sur place ou l'emporte sur une branche pour la dépecer et la manger.

Avec son long bec fin, le grimpereau des bois déloge les insectes qui se cachent dans les fentes de l'écorce.

Le grimpereau des bois

Si tu vois un petit oiseau marcher sur un tronc d'arbre, c'est sans doute un grimpereau. Il a le ventre tout blanc et le dos couleur écorce d'arbre pour se camoufler.

Des nids dans les arbres

Sur les branches ou dans les troncs d'arbres, les nids servent de refuges. Observe-les de loin pour ne pas déranger les animaux.

Chacun son nid !

Les oiseaux construisent des nids pour y pondre leurs œufs et protéger leurs petits. Chaque espèce construit un nid différent, accroché dans les branches ou installé au creux d'un arbre pour les piverts ou les mésanges par exemple. D'autres animaux, comme les écureuils, savent aussi faire des nids.

Le pinson des arbres construit son nid sur une branche, avec des brindilles, de la mousse et des morceaux de toiles d'araignées.

Les écureuils s'abritent dans leur nid pour dormir, surtout en hiver.

Infatigable, la mésange charbonnière
nourrit sa nichée installée
dans le tronc
d'un arbre creux.

Du côté des petits

Toutes sortes de petits animaux se cachent sous les feuilles ou entre les arbres. Si tu ne fais pas de bruit, tu pourras peut-être en apercevoir...

L'orvet

L'orvet est un lézard sans pattes qui se nourrit de limaces, de vers de terre et d'insectes. Quand il est menacé, il abandonne un bout de sa queue. Elle repoussera plus tard, plus courte et plus foncée.

N'aie pas peur de l'orvet ! Ce n'est pas un serpent et il n'est pas dangereux.

Le mulot sylvestre

Le mulot sylvestre est un solitaire. Il creuse de profondes galeries pour se cacher. Il se déplace par bonds et peut grimper dans les arbres.

Le petit mulot sylvestre est prêt à rentrer dans sa cachette au moindre signe de danger !

La rainette verte aime se chauffer au soleil sur les troncs d'arbres.

La rainette verte

Jolie grenouille colorée, la rainette verte passe presque tout son temps dans les arbres. Ses doigts terminés par des ventouses lui permettent d'y grimper facilement.

Agile, la martre se perche souvent dans les arbres pour surveiller les alentours.

La martre

Quelle grimpeuse, la martre ! Elle pourchasse les écureuils dans les arbres. Elle mange aussi de gros insectes et divers petits animaux. Pour dormir, elle s'abrite dans un arbre creux.

Du côté des grands

Les grands animaux de la forêt sortent surtout la nuit, plus rarement la journée. Mais avec un peu de chance, peut-être qu'un museau fera une apparition !

Le lynx

Patte de velours et œil perçant, le lynx ressemble à un gros chat. C'est un solitaire qui marque son territoire en griffant l'écorce des arbres. Il est assez rare dans les forêts françaises.

Avec ses larges pattes garnies de poils épais, le lynx ne craint pas de marcher dans la neige.

Le chevreuil

Au printemps, le chevreuil se nourrit de feuilles d'arbres. En hiver, c'est le lierre et les ronces qui l'intéressent. Son cri ressemble à un aboiement de chien. Le mâle est le brocard, la femelle s'appelle la chevrette.

Très rapide à la course, le chevreuil distance ses prédateurs en bondissant au milieu des broussailles.

Silencieux, le renard passe inaperçu quand il se déplace dans la forêt.

Le renard

Le renard a un museau pointu et de longues oreilles. Il habite souvent les terriers creusés par les blaireaux ou les lapins. Son menu est composé de rongeurs, de lapins et de fruits.

Le Sanglier

Très présent dans les forêts françaises, le sanglier est un animal nocturne qui, pendant la journée, se cache dans un taillis épais au cœur des bois.

La femelle du sanglier s'appelle la laie et les petits sont des marcassins. Ils suivent leur mère dès qu'ils ont 1 semaine.

Une vie de sanglier !

Le sanglier adore prendre des bains de boue. Ainsi, il se débarrasse des puces et des tiques. Après, il se gratte en se frottant contre un tronc d'arbre. Les sangliers vivent en troupes, ou hardes, de plusieurs femelles accompagnées de leurs petits.

Le sanglier cherche des racines bonnes à manger en fouillant la terre avec son groin.

Les mâles quittent la harde
vers l'âge de 3 ans
pour vivre en solitaire.

Au rythme de la forêt

Verdoyante, colorée ou enneigée, la forêt change tout au long de l'année. Au fil de la journée, au rythme des saisons, elle révèle ses multiples facettes.

Déjà l'automne !

Quand l'automne arrive, les jours raccourcissent. Les plantes et les animaux se préparent au long sommeil de l'hiver...

Les feuilles des arbres de la forêt jouent sur les variations de jaune, d'orangé ou de rouge.

Les couleurs de la forêt

En automne, les feuilles prennent de jolies teintes avant de tomber. Celles des merisiers rougissent, et celles des érables jaunissent. Les chênes deviennent roux tandis que les frênes restent verts jusqu'à la chute des feuilles.

Le lierre en fleur

Les petites fleurs du lierre apparaissent après toutes les autres, à la fin de l'automne. C'est une chance pour les abeilles, qui n'avaient plus rien à butiner !

Les fleurs de lierre participent à la féerie de l'automne en forêt. Leur floraison se poursuit souvent jusqu'en décembre.

Le brame du cerf s'entend à plusieurs kilomètres à la ronde.

Le brame du cerf

Si tu entends un rugissement saccadé qui fait un peu peur, il s'agit sans doute d'un cerf qui brame. Pendant la saison des amours, il pousse ce cri pour provoquer un adversaire au combat.

L'automne est la saison des champignons. Leur chapeau peut être en forme de boule, en entonnoir ou plat... Une chance pour ce crapaud !

Les champignons

C'est la pluie qui fait sortir les champignons de terre. Ils poussent très vite, mais vivent seulement une ou deux semaines avant de pourrir. Ne les touche pas : si certains sont bons, d'autres sont de véritables poisons !

Le calme hiver

La forêt semble endormie, les feuilles sont tombées, et les écureuils sommeillent dans leur cachette : c'est l'hiver !

L'hibernation

Tu ne verras pas certains animaux en hiver : ils hibernent. Endormis dans leur tanière, ils attendent la fin de la saison. Quand ils ressortent au printemps, ils ont très faim !

Pour le muscardin, dormir est la meilleure solution pour survivre aux rigueurs de l'hiver, quand il n'y a presque rien à manger.

Les chatons du noisetier

Contrairement à la plupart des arbres, le noisetier choisit l'hiver pour fleurir ! Ses fleurs jaunes pendent aux branches. Elles sont regroupées en « chatons » qui ressemblent à d'étranges petites queues !

Sous la neige, les chatons du noisetier se préparent à éclore dès que le temps sera un peu plus doux.

La recherche de nourriture

Difficile de trouver à manger quand le sol est couvert de neige ! Les animaux herbivores doivent se contenter d'herbe sèche, de ronces ou de lierre. Les carnivores passent souvent des jours entiers sans attraper de proie.

Le loup essaie de suivre sa proie malgré la neige qui efface les traces.

Le réveil du printemps

Au printemps, la forêt reprend vie.
C'est la saison des nouvelles fleurs
et des naissances d'animaux dans les bois.

Les bourgeons

Les plantes se réveillent. Les bourgeons des arbres gonflent peu à peu. Bientôt de nouvelles pousses en sortiront, avec des feuilles vert tendre.

Les écailles qui couvraient le bourgeon s'écartent, elles tomberont quand les feuilles seront déployées.

Quand il naît, le petit faon n'a pas d'odeur : les prédateurs ne peuvent pas le repérer.

Les naissances

Quand arrive le mois de mai, la biche s'éloigne du troupeau. Elle veut être tranquille pour mettre au monde son petit faon. Au bout de quelques jours, il est déjà capable de la suivre.

L'inclinaison des fleurs de l'anémone sylvie suit le déplacement du soleil.

L'anémone sylvie

Dans le sous-bois, les anémones sylvies forment de grands tapis. Elles fleurissent très tôt au printemps, avant l'apparition des feuilles des arbres. Ces fleurs sont blanches, en forme d'étoile.

La chaleur de l'été

Il fait bon s'abriter sous les arbres en été.
Quand le soleil chauffe trop,
c'est dans les bois qu'il faut aller !

La mare

En été, la mare grouille de vie. C'est le lieu idéal pour observer de nombreux animaux qui viennent s'y rafraîchir, pour écouter les grenouilles chanter ou pour admirer les libellules posées sur les roseaux du bord de l'eau…

Autour de la mare forestière, le calme règne. Mais, si tu regardes de plus près, tu découvriras qu'elle grouille de vie…

Le vol du frelon

Avec son corps rayé jaune et noir, le frelon ressemble à une grosse guêpe. C'est un bâtisseur habile qui construit son nid avec du bois mâché et des feuilles mortes. Attention : sa piqûre est très douloureuse !

En été, le frelon s'éloigne jusqu'à plus de 2 km de son nid pour aller chercher sa nourriture.

La résine

La chaleur fait couler la résine le long des branches du pin. Tu peux toucher, sentir, et même goûter ! C'est fort sur la langue mais doux dans la gorge. On fabrique des bonbons contre la toux avec la sève du pin.

Même en fermant les yeux, tu peux deviner que tu marches au milieu des pins grâce à leur agréable odeur de résine.

Ne cueille pas les fleurs du lis martagon ! C'est une plante protégée dans de nombreuses régions.

Le lis en fleur

Le beau lis martagon se montre en juillet. Tu le trouveras peut-être dans les forêts de hêtres. Ses fleurs ne sentent pas très bon, mais elles sont très jolies, roses tachetées de pourpre.

Quand vient la nuit...

Les animaux nocturnes attendent que le soleil se couche pour sortir chasser ou manger. La nuit, la forêt semble différente.

Le clair de lune

Un soir de pleine lune est le moment idéal pour découvrir la forêt la nuit. Il fait presque aussi clair qu'en plein jour. Pendant que certains animaux sont endormis, d'autres sortent. Des cris retentissent entre les arbres.

Perchés sur une branche, les oiseaux dorment pendant que rôdent les animaux partis en chasse.

Le vol des chauves-souris

Animaux étranges, les chauves-souris se suspendent la tête en bas pour dormir. Ce ne sont pas des oiseaux : elles n'ont pas de plumes sur leurs ailes. La nuit, elles chassent des insectes comme les moustiques qu'elles dévorent par centaines !

Quand tombe la nuit, tu peux parfois entendre les chauves-souris voler en poussant de petits cris aigus.

Après avoir dormi toute la journée, la chouette prend son envol dans la nuit.

La chouette en chasse

Silencieuse en vol, la chouette peut entendre le moindre couinement des petits animaux. Avec ses griffes, elle attrape les souris et les mulots pour les apporter à ses petits en guise de repas.

La sortie du blaireau

Après avoir dormi toute la journée, le blaireau sort de son terrier. Il se met en quête de nourriture : escargots, plantes, grenouilles… Mais ce qu'il préfère, ce sont les vers de terre. Il les avale comme des spaghettis !

Le blaireau ne voit pas très bien, mais son excellent odorat lui permet de repérer ses proies en pleine nuit.

Promenons-nous dans les bois !

Il y a mille manières de découvrir la forêt : en collectant ses trésors, en goûtant, en observant ou en jouant. Perce ses secrets tout en t'amusant !

Récolte et Cueillette

Lorsque tu te promènes dans les bois, n'oublie pas ton panier ! La forêt regorge de plantes délicieuses, à manger crues ou cuites.

Les violettes

Les petites fleurs des violettes éclosent au printemps. Elles sont très jolies en bouquet mais aussi très agréables à manger. Rapportes-en à la maison pour en mettre dans les salades.

Approche ton nez des violettes en fleur, elles sentent très bon.

Sucrées et juteuses, les mûres sont bonnes à cueillir quand elles sont bien noires.

Les mûres

Composées de petites boules collées les unes aux autres, les mûres sont d'appétissantes baies noires. Les gourmands les mangent sur place. Mais, si tu trouves un « bon coin », ramasses-en assez pour faire de la confiture.

Les châtaignes

Protégées par leur bogue hérissée de piquants, les châtaignes ne se laissent pas ramasser facilement. Mieux vaut mettre des gants ! Crues, elles ne sont pas fameuses, mais grillées, c'est un vrai délice.

Si tu ouvres une bogue, tu verras 1 ou 3 châtaignes serrées les unes contre les autres.

Les faines du hêtre

Autrefois, les fruits du hêtre servaient à faire de l'huile. Pour les goûter, enlève bien leur peau brune et épaisse. Grillés à la poêle, avec un peu d'huile et de sel, ils sont encore meilleurs que les cacahouètes !

Les faines du hêtre sont enfermées par 2 dans une petite coque appelée « cupule ».

Les champignons

Quand tu pars à la recherche de champignons, tu as l'impression qu'ils se cachent ! Il faut marcher longuement dans les bois pour en trouver. Mais quel plaisir de récolter un panier de girolles ou de cèpes !

Les champignons se coupent au ras du sol avec un petit couteau. Renseigne-toi pour savoir si tu peux les manger sans risque !

Plantes toxiques !

Avant de manger une plante que tu ne connais pas, demande toujours conseil à un adulte. Car des baies, des fleurs ou des champignons peuvent être très dangereux...

Le muguet

Au mois de mai, le muguet laisse apparaître de jolies fleurs blanches. Ne les mets pas à la bouche, elles te donneraient un terrible mal de ventre. À la fin de l'été, méfie-toi aussi de ses baies rouges : elles sont empoisonnées.

Le parfum du muguet est délicieux, mais ne t'y trompe pas : c'est une plante très toxique.

Le chèvrefeuille

Le chèvrefeuille est une liane qui s'enroule autour des jeunes arbres. Sa fleur sent très bon, mais ses baies rouges sont dangereuses pour l'homme. Seuls les oiseaux peuvent les manger.

À la fin de l'été mûrissent les jolies baies du chèvrefeuille. Défense de les manger !

L'amanite phalloïde

Avec son chapeau pâle, l'amanite phalloïde est un bien joli champignon. Mais attention : elle contient un dangereux poison. Il suffit d'en manger une seule pour risquer la mort...

Un champignon clair qui semble pousser dans une petite coupelle... Méfiance ! C'est peut-être une amanite phalloïde.

Les fleurs de la digitale contiennent de la digitaline, un poison violent.

La digitale pourpre

La digitale pousse dans les clairières ou en lisière de forêt. Ses fleurs pourpres ressemblent à des doigts de gant. Méfie-toi : elles sont empoisonnées ! Si tu les as touchées, lave-toi les mains.

Des trésors pour créer

En fonction de la saison et du type de forêt, tu trouveras de véritables trésors dans les bois. Avec un peu d'imagination, transforme-les en œuvres d'art !

Les fleurs pour les bouquets

Le printemps est le moment idéal pour cueillir des fleurs. Certaines sont rares. Alors prélève seulement les plus courantes pour tes bouquets : primevères, anémones, iris des marais... L'été, fais sécher tes fleurs en les accrochant la tête en bas, dans un endroit sombre.

Cueille des jonquilles pour en faire un gros bouquet. Ces fleurs d'un jaune lumineux durent longtemps dans un vase.

Les feuilles à collectionner

Avec les feuilles d'automne, fabrique des tableaux multicolores ou invente des portraits en les collant sur un carton. Avec l'aide d'un adulte, réalise un herbier pour apprendre à reconnaître les plantes.

Après avoir ramassé les feuilles mortes, laisse-les bien sécher avant de t'en servir pour tes créations.

Les pommes de pin tombent par centaines sur le sol de la forêt. Un vrai trésor pour bricoler à la maison !

Les cônes à ramasser

Dans les forêts de résineux, récupère les cônes tombés par terre. Peins-les pour décorer le sapin de Noël par exemple. Ou bien transforme des pommes de pin en personnages ou en animaux, en collant des allumettes pour les bras ou les pattes.

Les traces des animaux

C'est difficile de voir les animaux en forêt, surtout les gros.
Mais ils laissent des indices sur leur chemin.
Apprends à les déchiffrer !

Les empreintes

Avec leurs sabots, les gros animaux marquent leur présence. Cherche leurs empreintes près des mares ou sur les chemins boueux. C'est là qu'elles sont le plus visibles.

Le sanglier a marché dans la boue. On le reconnaît à l'empreinte laissée par son sabot arrière.

Les crottes

Les crottes sont un bon moyen de repérer le passage d'un animal. Tu en trouveras certainement si tu te promènes dans la forêt. Les plus faciles à reconnaître sont celles des cerfs et des chevreuils : elles sont noires et légèrement pointues à l'extrémité.

Les crottes de cerf s'appellent des « fumées » ou « laissées ». Celles du mâle sont plus grosses que celles de la biche.

Les astuces des oiseaux

Des oiseaux ont inventé un moyen original de décortiquer les graines : ils les coincent dans une fente de l'écorce d'un arbre, et ils tapent dessus avec leur bec. Alors regarde attentivement les troncs !

Cette coque de noisette a été abandonnée par une sittelle. Elle l'a cassée avec son bec pour manger l'intérieur.

Les restes des repas

Certains animaux laissent traîner des restes de leurs repas. Si tu trouves des coquilles de noix rongées, des cônes déchiquetés ou des châtaignes grignotées, c'est qu'un rongeur est passé par là !

Qu'est-il arrivé à ces cônes abandonnés par terre ? Un écureuil les a décortiqués : il a arraché les écailles pour manger les graines.

La Cabane

La forêt est le lieu idéal pour construire une cabane. Par terre ou perchée dans un arbre, elle invite à vivre un moment proche de la nature.

Une maison dans les bois

Il y a tout ce qu'il faut dans les bois pour construire une cabane. Avant de te lancer, demande l'autorisation du propriétaire. Pour toi, c'est un jeu, mais certains peuples de la forêt habitent réellement dans des cabanes ou des huttes.

Ces Pygmées vivent dans les forêts du Cameroun. Ils fabriquent des huttes avec des branches et du feuillage des arbres de la forêt.

Pour jouer à l'aventurier, construis une cabane en forêt. Il suffit de quelques branches, d'un peu de ficelle et d'une grande toile.

Une cabane dans un arbre, quel endroit de rêve pour passer les vacances ! Pour en construire une aussi grande que celle-ci, demande l'aide d'un adulte.

Les métiers de la forêt

Pour que la forêt soit en bonne santé, des travailleurs s'occupent des arbres. D'autres utilisent le bois coupé par les bûcherons pour fabriquer des objets ou du papier.

Travailler dans les bois

Certains aiment tellement les arbres qu'ils ont choisi un métier en relation avec la forêt. Ils passent souvent beaucoup de temps dans la nature.

Le garde forestier

Veiller sur la forêt, c'est le travail du garde forestier. Il la parcourt souvent et la connaît parfaitement. Il surveille la santé des arbres, et observe aussi les cerfs et les autres animaux.

Le garde forestier passe souvent la journée entière tout seul dans sa forêt.

L'ingénieur forestier

L'ingénieur forestier décide des coupes de bois. Avec le garde forestier, il marque les arbres qui doivent être abattus. C'est aussi lui qui décide de faire de nouvelles plantations.

L'ordinateur portable est très utile à l'ingénieur quand il travaille dans la forêt.

Certaines plantes de la forêt sont rares et précieuses. Le chercheur de plantes les récolte avec précaution.

Le chercheur de plantes

En forêt poussent de nombreuses plantes intéressantes. Les scientifiques les recherchent pour les étudier. Certaines pourront servir à faire de nouveaux médicaments.

Le sylviculteur

Le sylviculteur est un paysan de la forêt. Il soigne les jeunes plantations et surveille leur croissance. Quand les arbres sont grands, il doit parfois en couper certains pour que d'autres puissent grossir.

Patient, le sylviculteur s'occupe de ses plantations pendant plusieurs années avant qu'elles ne se transforment en arbres.

Le bûcheron

Couper du bois, ce n'est pas si facile que ça !
Et le bûcheron ne doit pas avoir peur du mauvais temps, surtout en hiver.

L'entaille faite par le bûcheron s'élargit : l'arbre va tomber.

Le coupeur d'arbres

Abattre les arbres est un travail de précision. Le bûcheron dirige le tronc coupé pour le faire tomber exactement au bon endroit. Quand l'arbre est au sol, il supprime les branches, puis coupe le tronc à la bonne longueur. C'est un métier dangereux qui demande beaucoup d'attention.

Une gerbe de copeaux jaillit de la tronçonneuse quand elle s'enfonce dans le bois. Prudence !

Après l'abattage, le bûcheron ébranche les troncs et les coupe à la longueur souhaitée.

Le voyage du bois

Lorsque les arbres sont coupés, le travail continue. Il faut les sortir de la forêt pour les transporter jusqu'à la scierie.

Le tracteur forestier

Avec ses grosses roues et son puissant moteur, le tracteur forestier passe presque partout. Il emporte le bois jusqu'au bord de la route : c'est le débardage.

Quand le travail des bûcherons est terminé, les débardeurs viennent dans leurs gros engins chercher les arbres abattus.

Débarder avec un animal

Là où le tracteur ne peut pas aller, le débardage est parfois fait par des mules ou des chevaux. Les animaux travaillent moins vite, mais ils ne polluent pas et ne font pas de trous sur les chemins forestiers.

Les chevaux de débardage sont bien dressés. Ils sont habiles pour tirer les troncs.

Le transport sur l'eau

Au bord des grands fleuves, on peut faire voyager le bois sur l'eau. Il est porté par le courant et parfois tiré par un bateau. Cette technique, appelée « flottage », est très utilisée au Canada, dans les pays scandinaves et tropicaux.

Les troncs sont assemblés en longues files de radeaux pour ne pas s'emmêler en descendant la rivière.

Le grumier

Après avoir été abattu, le bois est rangé le long de la piste. De gros camions, appelés « grumiers », viennent le chercher pour l'emporter vers la scierie.

Les troncs sont empilés avec précaution sur le grumier.

Les troncs des arbres sont transformés en planches à la scierie. Elles serviront à fabriquer des objets en bois.

La scierie

La scierie est un endroit très bruyant. La lame de la grande scie à ruban tranche les troncs avec un sifflement aigu. Les planches sont rangées dans un chariot, puis mises en tas. Elles sécheront plusieurs mois avant de pouvoir être utilisées.

Du bois pour tout fabriquer

De petits jouets, de jolis meubles ou de grosses maisons : c'est fou tout ce qu'on peut faire avec du bois !

Les meubles

Avec les plus belles planches, le menuisier fabrique des meubles. Ses bois préférés sont le chêne, le hêtre et le noyer. Son atelier sent bon la sciure et les copeaux.

Dans l'atelier, chaque outil a son utilité. Le menuisier les range soigneusement à leur place.

Avec de jolies couleurs et des formes amusantes, le bois est transformé en jouets !

Les jouets en bois

Certains jouets sont fabriqués à partir des arbres de la forêt. Le bois est découpé selon le dessin de l'objet, puis poncé et peint. Les pièces sont ensuite assemblées pour devenir un jeu de construction, une petite voiture...

Dans l'atelier du luthier, les violons tout neufs attendent le musicien qui viendra les éveiller.

Les instruments de musique

Le luthier fabrique des instruments de musique. Les violons et les guitares sont faits d'érable et d'épicéa. Les flûtes sont en érable, en poirier, quelquefois en ébène, un bois noir très dur qui vient d'Afrique.

La charpente

Presque toutes les maisons ont une charpente en bois. C'est un assemblage très solide qui supporte la couverture d'ardoises ou de tuiles. Celui qui construit les charpentes s'appelle un charpentier.

Les charpentiers ne doivent pas avoir le vertige pour fixer les pièces de charpente en haut de la maison !

Des arbres pour le papier

Pour faire du papier, il faut des arbres… beaucoup d'arbres. Entre la forêt et ton cahier, le bois voyage jusqu'à l'usine, où il est transformé.

La fumée qui sort des cheminées de la papeterie ne sent pas très bon…

La papeterie

L'usine où le bois est transformé en papier s'appelle une papeterie. Cette fabrication consomme beaucoup d'eau. C'est pour cette raison que ces usines sont construites au bord des rivières.

Le bois à papier

On peut fabriquer du papier avec n'importe quel bois. Les résineux donnent un papier plus solide; les feuillus un papier plus doux et très blanc.

Tout ce bois va servir à faire du papier. On l'arrose pour qu'il ne sèche pas et pour qu'il soit plus facile à déchiqueter.

Les gros rouleaux fabriqués dans la papeterie contiennent plusieurs kilomètres de papier.

Les rouleaux

Le papier qui sort des papeteries n'est pas découpé en feuilles. Il est mis en énormes rouleaux, qui doivent être déplacés avec des chariots élévateurs.

Le papier recyclé

Il est important de ne pas mettre le vieux papier à la poubelle. Il peut être recyclé et servir à faire du nouveau papier. C'est un bon moyen d'« économiser » les arbres des forêts.

Les vieux papiers sont rapportés à l'usine pour y être recyclés.

Protéger la forêt

De nombreux dangers, naturels ou provoqués par l'homme, menacent la forêt. Il est urgent de la protéger… et de la replanter !

La nature en colère

Certains phénomènes naturels peuvent endommager la forêt. Manque de pluie, grosse tempête ou minuscules parasites, les ennemis des arbres menacent…

La tempête

Les vents qui soufflent à plus de 150 km/h peuvent casser d'énormes branches, ou même déraciner des chênes centenaires ! Heureusement, les arbres les plus solides restent debout.

La forêt a été détruite par la tempête. Mais, sous les branches cassées, des graines sont déjà prêtes à germer…

La sécheresse

Les années où il ne pleut pas assez, les arbres souffrent du manque d'eau. Leurs feuilles peuvent tomber avant l'automne. Certains meurent si la sécheresse dure trop longtemps.

La pluie a manqué pendant des semaines : les arbres se dessèchent.

Les scolytes

Les scolytes, de minuscules insectes, peuvent faire beaucoup de dégâts. Ils choisissent des sapins ou des ormes qui sont affaiblis pour pondre leurs œufs sous l'écorce. Les larves rongent alors l'intérieur…

Installées sous l'écorce, les larves du scolyte vont détruire l'arbre peu à peu…

L'armillaire

Quand l'armillaire paraît au pied d'un arbre, c'est mauvais signe. Ce beau champignon, qui pousse en touffes beiges, détruit lentement les racines. L'arbre finit par tomber.

Lorsque l'armillaire a envahi l'arbre, il est trop tard… Rien ne pourra le sauver.

La chenille processionnaire du pin

De gros cocons blancs « décorent » les hautes branches des pins. Ce sont des nids de chenilles processionnaires. Elles n'en sortent que la nuit pour se nourrir des aiguilles du pin.

En s'installant sur les pins, les chenilles processionnaires affaiblissent ces arbres : ils grandissent moins bien.

Au feu !

La forêt brûle... Poussées par le vent, les flammes dévorent les arbres les uns après les autres. Vite, les pompiers !

L'incendie

La foudre pendant un orage, un feu de camp mal éteint, un allumage volontaire : un incendie peut être déclenché par de nombreuses causes. Ensuite, les pompiers luttent pour empêcher les flammes d'avancer. Elles se répandent moins vite si la forêt a été débroussaillée. Et souviens-toi : il est interdit d'allumer un feu en forêt !

Les pompiers du ciel larguent des tonnes d'eau sur les flammes. Puis ils retournent très vite remplir les réservoirs de leur bombardier d'eau appelé « Canadair ».

Les pompiers doivent arroser longtemps les troncs calcinés pour empêcher le feu de repartir.

Un petit feu de broussailles
est devenu un énorme incendie
qui ravage la forêt.

Les arbres en danger

Un peu partout dans le monde, des hommes détruisent les arbres. Il faut lutter pour éviter que les grandes forêts disparaissent.

La forêt amazonienne est menacée par la déforestation. Les arbres abattus ne repousseront pas.

La déforestation

Dans certaines régions, les arbres sont abattus pour récupérer le bois, pour construire des routes ou pour développer des cultures sur de grandes étendues. La forêt disparaît peu à peu : c'est la déforestation.

L'érosion des montagnes

Les arbres retiennent le sol avec leurs racines. Sur les pentes des montagnes où les arbres ont disparu, la pluie entraîne la terre vers le bas. De grandes crevasses se creusent, et les plantes ne peuvent plus pousser.

Sur cette montagne, de grandes taches de terre nue ont remplacé les arbres.

Peu à peu, les cultures de palmiers à huile grignotent l'espace de la forêt...

Les cultures

D'immenses champs de palmiers à huile, de grandes plantations de maïs ou de soja remplacent la forêt. Ces cultures appauvrissent les sols et font disparaître les arbres, qui ont besoin de nombreuses années pour grandir.

L'orang-outang ne peut pas vivre en dehors de la forêt, où il trouve sa nourriture.

Les animaux en danger

Lorsque les arbres sont abattus, c'est l'habitat de nombreux animaux qui disparaît. Par exemple, les forêts d'Indonésie où vit l'orang-outang sont presque toutes détruites. Pour le sauver, des défenseurs de la nature construisent des refuges.

La Pollution

La forêt peut être malade à cause de la pollution.
Papiers jetés après un pique-nique, eau sale, air impur...
les arbres doivent résister à de nombreuses agressions.

Les déchets

Pour que la forêt reste propre, il ne faut rien jeter. Les randonneurs ou les amateurs de pique-nique qui aiment la nature repartent avec leurs emballages. Ils les déposeront plus tard dans une poubelle.

Les emballages en plastique enlaidissent la forêt, et ils représentent un danger pour les animaux qui peuvent les avaler.

Des troncs dénudés et des branches mortes : c'est tout ce qui reste de la forêt, victime des fumées toxiques de l'usine toute proche...

Les fumées d'usines

Des nuages de fumées polluées sortent des cheminées d'usines. Poussés par le vent, ils atteignent la forêt, et l'empoisonnent petit à petit. Pour diminuer la pollution, les nouvelles usines ont des filtres sur leurs cheminées. Leurs fumées sont moins toxiques.

La pluie peut tuer lentement les arbres quand elle est rendue acide par la pollution.

Les pluies acides

La pollution rend les pluies acides, ce qui abîme la végétation. Les aiguilles des sapins jaunissent et tombent au sol. Les arbres ont l'air tout déplumés, ils ne poussent plus.

Les gardiens de la forêt

Pour protéger la forêt, des pays créent des réserves. Les scientifiques ou de simples citoyens s'organisent pour lutter contre la disparition des arbres et des animaux.

Le parc naturel

Un peu partout dans le monde, des forêts sont protégées. Dans ces réserves, il est interdit de tuer les animaux et de détruire les arbres. Le premier parc naturel du monde est celui de Yellowstone, aux États-Unis. Il abrite des bisons, des ours, des lynx…

La beauté de la nature sauvage est préservée dans les parcs naturels.

L'animateur nature montre aux visiteurs comment protéger la forêt.

L'animateur nature

L'animateur nature guide les visiteurs dans la forêt. Il leur explique la vie des arbres, les accompagne à la rencontre des animaux. Les grands bois n'ont pas de secrets pour lui.

Les associations

De nombreuses associations lancent des projets en faveur de la forêt, pour lutter contre la déforestation par exemple. Tu peux devenir membre d'un club « Connaître et protéger la nature » : tu apprendras comment défendre les arbres et les animaux.

Les associations réunissent adultes et enfants pour replanter les jeunes arbres qui formeront de nouvelles forêts.

Cette scientifique est hissée dans une nacelle pour aller observer de près ce qui se passe en haut des grands arbres.

Le scientifique

Pour mieux protéger les espèces menacées de disparition, les scientifiques étudient la vie dans la forêt. Ils doivent parfois se hisser jusqu'aux plus hautes branches afin d'approcher les animaux qui vivent en permanence dans les arbres.

Quand la forêt renaît...

Pour lutter contre la disparition des forêts, il est souvent nécessaire de replanter des arbres. Mais parfois, après un incendie, la forêt reprend vie toute seule.

La pépinière

L'endroit où l'on sème les graines d'arbres s'appelle une pépinière. C'est comme un très grand jardin pour arbrisseaux. Quand ils seront assez grands, on les plantera en forêt.

Dans la pépinière forestière, les jeunes arbres ont besoin de soins attentifs avant d'être plantés dans la nature.

Le reboisement

Les planteurs de forêt réparent les dégâts des incendies ou reboisent les zones où les arbres disparaissent. Ils installent des milliers de jeunes arbres dans la terre dénudée.

Lors d'un reboisement, les troncs des jeunes arbres sont entourés de tubes de protection pour que les animaux ne les mangent pas.

Après un incendie, tandis que les troncs brûlés se décomposent, de jeunes arbres grandissent avec vigueur.

La régénération

Même après un incendie, la forêt peut renaître naturellement. Des graines, bien protégées sous les aiguilles mortes, ont résisté au feu. La pluie les fait germer. De nouveaux arbres viendront remplacer les anciens.

Index

Crédit photo

CORBIS

CREATIV STUDIO HEINEMANN/WESTEND61 : 1re de couverture ; TSUYOSHI HIRATSUKA/AMANAIMAGES : p. 5 ; R. MORSCH : p. 6 (mb), 36-37 ; R. GEHMAN : p. 7 (m), 86-87, 101 (h), 115 ; P. GIAMOU/AURORA PHOTOS : p. 7 (mb), 98-99 ; F. LANTING : p. 7 (b), 101 (b), 111-112, 122 (h) ; S. TERRIL : p. 17 (h) ; R. M. URY : p. 25 (h) ; J. McDONALD : p. 30 (h), 84 (b) ; W. KAEHLER : p. 35 (h) ; J. P. BLAIR : p. 42 (b) ; K. WILSON/PAPILIO : p. 56 (h) ; R. WILMSHURST/F. LANE PICTURE AGENCY : p. 66 (h) ; C. MAUZY : p. 83 (h) ; GOODSHOOT : p. 96 (b) ; SYGMA : p. 97 ; O. PELZER : p. 99 (h) ; PARQUE : p. 99 (b) ; W. HODGES : p. 100 (h) ; F. PITCHAL/SYGMA : p. 100 (b) ; B. ROWAN/PROGRESSIVE IMAGE : p. 102 (d) ; W. MORGAN : p. 103 ; D. LAMONT : p. 104 (b) ; EUGEN : p. 105 (h) ; K. FLEMING : p. 105 (m) ; A. SKELLEY : p. 106 (h) ; IMAGE SOURCE : p. 106 (b) ; J. HURST : p. 107 (h) ; L. NELSON/STOCKPHOTOS : p. 107 (b) ; T. WRIGHT : p. 108 (h) ; J. SOHM/VISIONS OF AMERICA : p. 108 (b) ; R. ESSEL NYC : p. 109 (h) ; L. LEFKOWITZ : p. 109 (b) ; A. FRANCEKEVICH : p. 111 (h) ; B. STORMONT : p. 111 (b) ; Y. FORESTIER : p. 114 (h) ; AIM PATRICE/SYGMA : p. 114 (b) ; G. ROSSENBACH : p. 118 (h) ; R. T. NOWITZ : p. 120 (g).

NHPA

Y. LANCEAU : dos de couverture, p. 4, 87 (h), 91 (h) ; A. & S. TOON : 4[e] de couverture (h), p. 87 (b) ; S. DALTON : 4[e] de couverture (m), p. 23 (b), 35 (m), 63 (m), 76 (d), 82 (h), 113 (h) ; D. TIPLING : 4[e] de couverture (b), p. 39 (h), 49 (b) ; M. DANEGGER : p. 6 (hd), 61 (h), 69 (b), 70 (b), 77 (h), 78 (h), 85 (h) ; R. PLANK : p. 6 (hg), 8-9, 92 (b) ; J. CARMICHAEL JR : p. 6 (mh), 9 (h), 22-23, 40 (h) ; L. CAMPBELL : p. 6 (b), 7 (b), 41, 45 (h), 48-49, 52 (h), 54 (b), 59 (bg), 62 (g), 88 (h, b), 89 (m, b), 95 (b) ; D. WATTS : p. 7 (h), 60-61 ; PHOTOSHOT/J. JARVA : p. 7 (mh), 73, 74-75 ; A. ROUSE : p. 9 (b), 25 (b), 27, 29 (h), 64 (h), 71, 72 (b), 85 (b) ; D. MUKHERJEE : p. 10 (h) ; A. NARDI : p. 10 (b), 18 (h), 19 (h), 83 (b) ; J. BLOSSOM : p. 11 (h), 37 (b), 53 (h), 66 (b), 69 (h) ; E. JANES : p. 11 (m, b), 12 (b), 15, 21 (b), 47, 52 (b), 58 (h), 59 (bd), 68 (h, b), 82 (b), 89 (h), 93 ; C. MATTISON : p. 12 (h), 45 (b) ; D. WOODFALL : p. 13 (h), 105 (b) ; IMAGE QUEST 3-D : p. 13 (bg), 39 (m), 53 (m) ; J. BAS CASAS : p. 13 (bd), 26 (h), 38 (g), 53 (b), 64 (b), 70 (h), 81 ; B. GIBBONS : p. 14 (h), 16 (h), 18 (b), 62 (d) ; G. EDWARDES : p. 14 (b), 20 (g), 37 (h), 75 (b), 78 (b), 80 (h), 91 (b) ; E. SODER : p. 16 (b), 19 (b) ; A. WILLIAMS : p. 20 (d), 38 (d) ; D. GRIGGS : p. 21 (h) ; M. BOWLER : p. 23 (h), 34 (h, b), 63 (b) ; PHOTO RESEARCHERS/PHOTOSHOT : p. 24 (h) ; R. KIRCHNER : p. 24 (b) ; S. ROBINSON : p. 26 (b) ; PHOTOSHOT : p. 28 (h) ; D. ZUPANC : p. 28 (b) ; M. HARVEY : p. 29 (b), 96 (h), 104 (h) ; N. GARBUTT : p. 30 (b), 33 (h) ; A. BONETTI : p. 31, 32 (h), 35 (b) ; K. SCHAFER : p. 32 (b), 44 (b), 121 (b) ; K. GHANI : p. 33 (b) ; N. A. CALLOW : p. 39 (b), 90 (b) ; D. HEUCLIN : p. 40 (b), 46 (h), 51, 57 (b), 113 (b), 116 (h) ; P. ATKINSON : p. 42 (h) ; M. STELZNER : p. 43 ; P. BROUGH : p. 44 (h) ; S. BOOTH : p. 46 (b), 61 (b), 125 ; G. BERNARD : p. 49 (h), 50 (h), 122 (b) ; L. DALTON : p. 50 (b) ; J. SHAW : p. 54 (h), 76 (g), 79, 119 ; V. GARCIA CANSECO : p. 55 (h) ; G. BRYANT : p. 55 (b) ; PHOTOSHOT/L. PITKIN : p. 56 (b) ; PHOTOSHOT/M. HAMBLIN : p. 57 (h) ; PHOTOSHOT/I. EVERSON : p. 58 (b) ; PHOTOSHOT/U. WESTERBERG : p. 59 (h), 63 (h) ; E. MURTOMAKI : p. 65 (h) ; A. BARNES : p. 65 (b) ; M. GREY : p. 67 ; PHOTOSHOT/D. SLATER : p. 72 (h) ; D. GREEN : p. 75 (h) ; PHOTOSHOT/D. CHAPMAN : p. 77 (b) ; W. PATON : p. 80 (b) ; PHOTOSHOT/L. NOVAK : p. 84 (h) ; M. LEACH & M. LLAND : p. 90 (h) ; J. GIFFORD : p. 92 (h) ; D. SLATER : p. 94 (h) ; E. HAARBERG : p. 94 (b) ; J. & S. BUCKINGHAM : p. 95 (h) ; T. KITCHIN & V. HURST : p. 102 (g) ; LUTRA : p. 112 (h) ; K. GRIFFITHS : p. 112 (b) ; P. FAGOT : p. 113 (m) ; M. WENDLER : p. 116 (b) ; C. PRUDENTE : p. 117 (h) ; K. AMMANN/WOODFALL WILD IMAGES/PHOTOSHOT : p. 117 (b) ; P. HERMANSEN : p. 118 (b) ; D. WOODFALL/PHOTOSHOT : p. 120 (d), 121 (h) ; S. KRASEMANN : p. 123.